H. GUÉRANGER
Juge de Paix à Chailland, ✠.

> Présenter, dans un Recueil, comme obligatoire un usage qui ne réunit pas toutes les conditions exigées par la loi, ou des réglements non réellement pratiqués, c'est **légiférer**.
> L'unification ne se fait pas : elle se constate.— Unifier, c'est toujours **légiférer**:
> *(Avertissement).*

Étude sur l'Usage

SES PRINCIPES

et sur

l'Erreur Fondamentale

qui rend dangereuse la consultation des trois nouveaux Recueils d'Usages Ruraux publiés dans la Mayenne en 1909 : le Recueil de la Chambre des Experts de l'arrondissement de Laval et ceux des Sous-Commissions officielles de Mayenne et de Château-Gontier.

Et Recueil des Usages particuliers aux Cantons D'ÉVRON ET SAINTE-SUZANNE

LAVAL
IMPRIMERIE-LIBRAIRIE Ve A. GOUPIL

1909

H. GUÉRANGER
Juge de Paix à Chailland, ✠.

> Présenter, dans un Recueil, comme obligatoire un usage qui ne réunit pas toutes les conditions exigées par la loi, ou des réglements non réellement pratiqués, c'est **légiférer**.
> L'unification ne se fait pas : elle se constate.— Unifier, c'est toujours **légiférer**.
> *(Avertissement).*

Étude sur l'Usage
SES PRINCIPES
et sur
l'Erreur Fondamentale

qui rend dangereuse la consultation des trois nouveaux Recueils d'Usages Ruraux publiés dans la Mayenne en 1909 : le Recueil de la Chambre des Experts de l'arrondissement de Laval et ceux des Sous-Commissions officielles de Mayenne et de Château-Contier.

Et Recueil des Usages particuliers aux Cantons
D'ÉVRON ET SAINTE-SUZANNE

LAVAL
IMPRIMERIE-LIBRAIRIE Vᵉ A. GOUPIL
—
1909

AVERTISSEMENT

Trois nouveaux recueils des usages ruraux de notre département viennent de paraître au début de l'année 1909 : celui de la Chambre des Experts de l'arrondissement de Laval et les recueils des deux Sous-Commissions officielles des arrondissements de Mayenne et de Château-Gontier.

Si nous les qualifions de nouveaux, c'est qu'ils viennent d'être publiés et mis en vente pour la première fois, mais leur rédaction n'est pas récente; elle remonte déjà à plusieurs années. En effet, le premier est daté du 29 décembre 1900, le recueil de la Sous-Commission de Mayenne du 17 janvier 1901 et celui de Château-Gontier du 19 mars 1905.

Pourquoi les auteurs de ces publications ont-ils tant tardé à les faire?

Le *Recueil de Château-Gontier* nous l'apprend : c'est parce que le projet d'unification des usages du département paraît abandonné.

Ils comptaient que la Commission officielle départementale qui devait contrôler leurs travaux et les approuver, ils l'espéraient du moins, leur assurerait une autorité telle qu'elle s'imposerait aux tribunaux; en quoi ils se trompaient car, pour lier les tribunaux, il faudrait qu'une loi vînt ordonner la confection des recueils départementaux d'usages locaux, que le Conseil d'Etat intervînt pour contrôler leurs rédactions au point de vue du droit général, afin d'éviter les erreurs de principes, comme celle de l'art. 58 du *Recueil de l'arrondissement de Laval* (art. 55 du *Recueil des Experts*); il faudrait enfin qu'un décret du Chef de l'Etat promulguât chaque recueil.

Depuis l'arrêté préfectoral du 1er décembre 1879 nommant la Commission chargée d'étudier et de codifier les usages ruraux du département, la question, alors peu connue, a passionné le monde de la culture et celui des affaires et a donné lieu à de nombreuses et vives discussions (1) qui l'ont éclairée et ont eu

(1) Bibliographie : Discours de M. Guéranger en présidant la Sous-Commission cantonale de Couptrain, le 19 août 1900, publié dans *Mayenne-Journal* le 26 du même mois; Rapport de M. Grosse-Duperon à la Sous-Commission d'arrondissement de Mayenne, le 17 juin 1901, paru dans *Mayenne-Journal* le 23 du même mois; deux articles de M. Guéranger, publiés dans ce même journal, en réponse à ce rapport, numéros des 17 juillet et 19 novembre 1901; *La Loi et l'Usage*, par Me Thuau, notaire à Meslay, imp. Mayennaise, 1901; *Rapport de M. Ramard à la Commission du canton Ouest de Laval*, imp. Mayennaise, 1902; *Contre-rap-*

pour conséquence l'abandon d'unification des usages ; car ce n'est pas seulement le projet d'unification départementale qui est abandonné, comme l'indique le *Recueil de Château-Gontier*, mais bien tout projet d'unification. La Sous-Commission de l'arrondissement de Laval, comme la Commission départementale, ont compris qu'unifier c'est toujours légiférer ; qu'on ne fait pas l'unification, qu'on ne peut que la constater lorsqu'elle existe et telle qu'elle existe.

Les auteurs de la publication des trois nouveaux recueils ne paraissent pas avoir saisi les véritables principes qui se dégagent des débats sus-rappelés, mais du moins ils ont compris qu'ils n'avaient plus à compter sur la ratification de leurs travaux par la Commission départementale et ils ont passé outre. Ils ont profité du silence fait, depuis quelques années, autour de la question des usages pour publier, sous le titre trompeur de *Recueils d'Usages ruraux*, des codes dans lesquels des usages, plus ou moins pratiqués ou modifiés, sont confondus avec des lois locales ou réglements faits par eux dans le but d'en imposer la pratique à nos cultivateurs. Présenter ainsi comme obligatoire un usage qui n'en réunit pas toutes les conditions exigées par la loi, ou des réglements non réellement pratiqués, c'est légiférer, c'est faire une œuvre périlleuse qui aura fatalement pour résultat d'égarer la justice qu'elle devrait éclairer.

Pour atténuer, dans la mesure du possible, l'effet regrettable que ces publications produiraient, si le public et les tribunaux pouvaient y avoir foi, nous avons cru devoir en signaler les dangers.

Dans une dissertation théorique, qui sera le résumé de nos diverses publications, nous déduirons, dans une première partie, les véritables principes qui régissent l'usage. Nous démontrerons, dans une seconde partie, que les auteurs de ces trois nouveaux recueils se sont écartés de ces principes ; que leur œuvre, malgré leur compétence et leur honorabilité indiscutables, est dépourvue de toute autorité, qu'elle est de nature à inspirer une juste méfiance aux tribunaux qui n'en pourront tenir aucun compte.

Chailland, juin 1909.

H. GUÉRANGER, ✠,
Juge de paix à Chailland.

---

port de la Chambre des Experts, imp. Chailland, 1902; *Révision des Usages ruraux*, par Me Thuau, imp. Mayennaise, 1902 ; Discours de M. Le Breton, président du Comice agricole de Laval, publié dans l'*Echo de la Mayenne* le 21 septembre 1902 ; *Etude sur les Usages ruraux*, par M. Guéranger, imp. Mayennaise, 1905 ; Rapport de M. Landelle, président de la Chambre des Experts de l'arrondissement de Laval, 20 septembre 1905; brochure de M. Guéranger, 15 juin 1906, imp. Goupil ; nouvelle brochure de M. Landelle, imp. Moderne, 1906 ; *Réponse de M. Guéranger*, imp. Goupil, 1907.

PREMIÈRE PARTIE

Usage local

Dissertation théorique

I. — L'usage local est, en droit, cette manière d'agir, tournée en habitude, dont parle Merlin, qui établit entre les individus des droits et obligations variables d'une localité à l'autre, suivant les origines, les conditions climatériques et les besoins des populations (Watrin, *Des usages ruraux*). Il n'est fondé que sur le consentement tacite et ne peut s'annoncer que par des faits (Merlin).

II. — Les art. 1135 et 1160, C. civ., disent qu'il faut s'en remettre à l'usage autant qu'à l'équité, toutes les fois qu'il s'agit d'interpréter une convention ou de suppléer à son insuffisance, et l'art. 1159, C. civ., que ce qui est ambigu s'interprète par ce qui est d'usage dans le pays où l'acte est passé. Il y a dans ces articles, comme dans les art. 1157, 1158 et 1777, C. civ., une obligation de se soumettre à l'usage écrite par le législateur, non pour imposer sa volonté, mais pour faire respecter celle des parties. — Le juge ne pourrait, sans donner ouverture à cassation, refuser de l'appliquer, ni après en avoir reconnu l'existence, en faire une fausse application (Aubry et Rau, Baudry-Lacantinerie, Watrin).

Mais, bien entendu, *c'est aux tribunaux seuls* (non d'une façon générale, mais dans les cas où ils sont régulièrement saisis) qu'il appartient de juger en cette matière, comme en toute autre, suivant le droit commun, c'est-à-dire de prononcer si l'usage visé par un texte de loi existe réellement dans une contrée et d'en rechercher le sens et la portée (Trib. Albi, 26 mars 1895).

III. — Pour que l'usage soit obligatoire, les faits qui l'établissent doivent être uniformes, publics, multipliés, observés par la généralité des habitants, réitérés pendant un long espace de temps, constamment tolérés par le législateur (Merlin); enfin non contraires à l'ordre ou à l'intérêt public (tous les auteurs).

L'art. 671, C. civ., semble avoir résumé en deux mots les conditions requises, en renvoyant, à défaut de règlements particuliers, aux usages *constants et reconnus*.

D'ailleurs, de ce que le législateur renvoie aux usages locaux pour interpréter la volonté des parties et dans le but unique d'assurer l'exécution loyale de leurs conventions librement consenties, il résulte que pour être obligatoire et trouver place dans un recueil destiné à renseigner la justice, l'usage doit nécessairement réunir les conditions ci-dessus et que notamment :

1o Il doit être pratiqué par la généralité des habitants de la localité et non seulement par une majorité, fut-elle importante ; il doit être constant et reconnu par tous, être assez notoire, assez réputé et agréé pour prévaloir en vertu d'une sorte de consentement général, car on ne peut présumer avec *certitude* que les parties ont entendu s'y référer, s'il est discuté ou s'il compte des exceptions dans une localité ;

2o Il doit être la manifestation des besoins de ceux qui s'y soumettent, car les besoins seuls expliquent et justifient l'acceptation spontanée, exempte de toute contrainte, des obligations et charges qu'il entraîne ;

3o Enfin il doit avant tout découler de rapports juridiques, car on ne peut admettre que les parties aient voulu violer la loi et espéré la voir violer par les magistrats chargés de l'appliquer.

Les habitudes contraires à la loi, fussent-elles généralement suivies, n'ont pas le caractère d'usages constants et reconnus (Amiens, 21 décembre 1821).

Le législateur ayant attaché à l'usage une présomption légale qui oblige les tribunaux à l'appliquer, sans qu'ils puissent tenir compte des circonstances particulières qui pèsent d'ordinaire d'un si grand poids dans leurs décisions, on conçoit qu'il ait exigé rigoureusement la réunion de toutes les conditions indiquées. A défaut d'une seule les tribunaux doivent se décider d'après les circonstanccs.

IV. — Dans notre ancien droit on admettait que la loi pouvait être abrogée par un usage contraire (Merlin). En est-il de même aujourd'hui ?

D'après Watrin l'abrogation d'une loi ne peut résulter que d'une disposition spéciale ou d'un texte nouveau incompatible avec l'ancien, et l'usage, quelle que soit son autorité, ne peut jamais infirmer une loi.

La Cour de cassation a aussi jugé, le 12 novembre 1856 (D. 1857. 1. 37), que la substitution du régime de l'usage à celui de la loi doit toujours être exprimée, c'est-à-dire que l'usage ne prévaut jamais contre la loi (Trib. Rethel, 20 mars 1901, D. 1901. 2. 240).

Le tribunal de Mayenne s'est aussi prononcé en ce sens : une première fois le 1er décembre 1846 (décision confirmée par la Cour d'Angers, le 12 mars 1847) et une seconde fois le 21 janvier 1891 : « Considérant, est-il dit dans ce dernier jugement, que le tribunal n'a pas à rechercher quels sont, dans le canton de Gorron, les usages, lorsqu'il s'agit de baux faits dans les conditions prescrites et réglées par les deux articles précités (art. 1774 et 1775, C. civ.).

Au contraire, d'après la *Revue des Justices de paix* (année 1899, t. VII, p. 2, § 1) et M. Daguin dans le *Journal des juges de paix* (année 1905, p. 177), si les dispositions impératives de la loi ne peuvent être abrogées par un usage contraire quelque établi et invétéré qu'il soit (Cass., ch. crim., 27 avril 1867, et C. d'Etat, 13 mai 1890), il en est autrement des dispositions édictées par le législateur qui n'ont pas le caractère d'ordre public, lorsqu'elles sont uniquement destinées à suppléer à la volonté non exprimée des parties. Ces dernières pouvant être écartées par la volonté des parties, peuvent par cela même l'être, soit explicitement, par une clause formelle du contrat, soit tacitement, parce qu'un usage contraire existe dans le lieu où il a été conclu ou auquel se rapporte la convention, avec des caractères tels qu'on doit présumer que les parties ont entendu se référer à cet usage, plutôt que de se référer à la loi.

V. — La preuve de l'existence d'un usage se fait par les moyens ordinaires et notamment par la preuve testimoniale. On comprend combien elle est difficile, surtout dans les pays de petites et même de moyennes exploitations où il existe de nombreuses coutumes variant d'une localité à l'autre, surtout si l'on songe que l'usage ne s'arrête jamais à la limite exacte d'une division administrative, en sorte que dans le voisinage d'une localité où existent deux usages contraires, aucun n'est obligatoire puisqu'il n'est pratiqué que par une partie des habitants.

En présence de ces difficultés, le gouvernement pour faciliter la recherche de ces usages et renseigner les tribunaux songea dès 1844 à les faire recueillir et codifier (circulaires du ministre de l'intérieur des 24 juillet 1844, 5 juillet 1850 et 15 juillet 1855). En exécution de ces circulaires les préfets nommèrent des commissions dans chaque canton présidées par les juges de paix et des commissions d'arrondissements présidées par les présidents des tribunaux civils, chargées de reviser et de contrôler les premières. Mais ces commissions ne paraissent pas avoir fonctionné partout et un grand nombre d'arrondissements et même de départements ne possèdent pas de recueils officiels. L'initiative privée a suppléé à cette lacune et avait même devancé l'administration dans cette voie, car il existait bien antérieurement à 1844, et il existe encore à peu près partout, des recueils dus à des juges de paix, experts, comices agricoles, etc.

Personne ne conteste que ces derniers recueils ne peuvent valoir que comme simples renseignements.

Mais à l'égard des premiers, c'est-à-dire des usages locaux codifiés par les soins de l'administration dont minute existe soit dans les greffes, soit au siège de chaque préfecture, quelques décisions judiciaires ont décidé et des auteurs, peu nombreux il est vrai, enseignent qu'ils sont obligatoires (V. *Dictionnaire général des juges de paix*, par MM. Million et Beaume, 4e éd., Usage, no 8) et M. Daguin, dans l'étude plus haut citée, a écrit : « que l'insertion d'un usage dans un Code officiel est la constatation officielle qu'à l'époque de la confection du recueil cet usage était observé avec force de loi. — Dès lors les parties sont tenues par les prescriptions de cet usage, tant qu'il n'a pas été démontré d'une manière péremptoire que l'usage s'est modifié dans tel ou tel sens, qu'il est tombé en désuétude, ou qu'il a été remplacé par un autre usage ; et, en cas de désaccord entre les parties, le juge saisi devra administrer à celle qui dénie la perpétuation de l'usage, la preuve de sa modification, de sa désuétude ou celle de l'usage nouveau dont cette partie argue. » Et, à l'appui de sa thèse, il cite un jugement du tribunal civil de Blaye du 10 janvier 1895 qui a décidé qu'en cas de contestation sur la preuve d'un usage local, le juge doit se déterminer plutôt par les indications d'une collectivité consciencieuse exécutée sous la surveillance de l'autorité administrative, que sur des déclarations fournies par les habitants d'un pays.

Contrairement à cette opinion nous ne pouvons admettre que l'insertion d'un usage dans un recueil fait sous la surveillance et avec la collaboration de l'administration lui donne force de loi à l'époque de la confection du recueil et en rende la constatation *officielle*. Tout intéressé, croyons-nous, doit être admis à prouver que non seulement cet usage s'est modifié depuis la confection du recueil officiel, mais aussi qu'il y a été porté à tort, soit qu'il n'ait pas été réellement pratiqué dans la localité, soit qu'il n'ait jamais réuni les conditions voulues. Les commissions de codification nommées en vertu de circulaires ministérielles par l'administration préfectorale ne sont point en réalité des commissions *officielles*, parce qu'il n'entre dans les attributions ni des ministres ni des préfets, mais *exclusivement* dans celle des tribunaux de constater l'existence des usages. Comme le fait remarquer M. le professeur Jacquez (*Revue des justices de paix*, t. VII, p. 44), les travaux de ces commissions ne peuvent à eux seuls servir de preuves, mais seulement de présomptions susceptibles d'être infirmées par des présomptions ou preuves contraires. De son côté M. Watrin écrit que les usages, fussent-ils recueillis, rédigés et conservés dans des cahiers, n'empruntent à cette forme aucune force légale. C'est ce qu'a décidé la Cour de cassation le 9 avril 1838. L'insertion d'un usage dans un recueil officiel n'est donc que l'attestation par une commission moralement, mais non légalement compétente, qu'il a bien toutes les conditions à la réunion desquelles le législateur a attaché une présomption légale.

Ces recueils n'ont d'ailleurs pas acquis toute l'autorité sur laquelle on était en droit de compter, parce que les commissions de codification n'ont pas su éviter l'écueil de légiférer. Elles ont été poussées par le désir, bien compréhensible d'ailleurs, de mettre fin à la diversité si regrettable des coutumes locales, et aussi par celui de propager les meilleures méthodes de culture dans l'intérêt du progrès agricole qui n'a rien à voir dans la question. Ainsi : 1o lorsque deux usages contraires existent concurremment dans une même localité, au lieu de le constater, elles présentent toujours l'un d'eux comme obligatoire. — 2o Les commissions de revision ont tendance à attribuer à tout l'arrondissement les usages suivis dans les cantons urbains alors que des usages contraires, les mieux établis, existent dans les cantons ruraux ; en sorte que souvent vraies en ce qui concerne les premiers, leurs constatations sont fréquemment erronées pour les cantons ruraux. Cela s'explique parce que les commissions d'arrondissement sont composées en grande majorité de membres (avocats, avoués, experts, notaires, etc.) habitant le chef-lieu ou les environs qui ignorent totalement les coutumes des cantons éloignés sur lesquelles ils ne sont jamais consultés, les litiges auxquels ils donnent lieu se réglant presque toujours au canton. — 3o Enfin on a vu de ces commissions s'attribuer tous les pouvoirs du législateur et, malgré les avertissements des magistrats qui les présidaient, faire des règlements obligatoires qui nous paraissent aussi contraires aux principes généraux du droit qu'aux usages réellement pratiqués ; et, pour n'être pas gênées dans leurs projets d'amélioration et de généralisation, demander des renseignements verbaux aux commissions cantonales, au lieu de procès-verbaux réguliers. C'est ainsi que procéda la commission de l'arrondissement de Laval qui dans son recueil, arrêté le 12 juin 1858, inséra cet article 58, tant discuté aujourd'hui, aux termes duquel le fermier à prix d'argent (comme d'ailleurs le colon partiaire), bien qu'ayant payé exactement ses fermages et satisfait à toutes les conditions de son bail, est néanmoins tenu à sa sortie de céder son bétail à son propriétaire à dire d'expert.

Or, il ne devait alors pas plus qu'aujourd'hui figurer dans un recueil d'usages obligatoires s'étendant à l'arrondissement tout entier. D'abord parce que, emprunté au recueil dressé par les propriétaires membres du Comice agricole des deux cantons de Laval, il était inconnu dans les autres cantons et n'était dans aucun pratiqué par la généralité des habitants, qu'il était au contraire discuté partout. Ensuite parce que loin de répondre au besoin du cultivateur, il n'est que la manifestation d'exigences excessives qu'il a dû subir ; qu'il constitue une loi d'exception, partant injuste, qui distingue deux sortes de propriété : celle du propriétaire, non seulement intangible, mais privilégiée, et celle du fermier, susceptible d'être amoindrie, absorbée par la première, dans l'un de ses attributs essentiels. — Enfin parce que les dispositions de l'art. 58 sont contraires aux lois impératives et d'ordre public qui règlent en France le droit de propriété (art. 444, 445, 446, 1591 et 1592, C. civ.). Elles contiennent même en principe la ruine, la négation de ce droit tel qu'il est établi dans tous les pays. En effet, la propriété d'une chose ne se peut concevoir sans la faculté pour celui qui la possède d'en disposer à son gré. Cette liberté, ce droit pour chacun de disposer de sa chose, d'en fixer le prix en cas de vente, étant d'ordre public, on ne pourrait y déroger par une convention expresse, et, *à fortiori*, ne le peut-on faire tacitement parce qu'un usage contraire existe. Sans doute le législateur a permis aux parties de laisser, comme le fait l'art. 58, le prix a l'arbitrage d'un tiers, mais, dans l'intérêt supérieur du droit de propriété, il y a mis la condition *sine quâ non*, à laquelle ne satisfait pas cet article, que ce tiers soit désigné par *les parties elles-mêmes*, et les tribunaux, à moins d'y être *expressément* autorisés, n'ont pas le pouvoir de suppléer à ce défaut de désignation (Dalloz, *J. G.*, *Vente*, 380, *Suppl.*, 163; Limoges, 4 avril 1826; Dijon, 15 février 1893; Laurent, Guillouard, Baudry-Lacantinerie et Saignat); en sorte que l'art. 58 fût-il inséré textuellement comme condition d'un bail écrit, les contractants ne seraient pas tenus de s'y soumettre, et la partie qui refuserait ne pourrait être contrainte à des dommages-intérêts (Limoges, 4 avril 1826; Bordeaux, 6 février 1878, D. P. 1879. 2. 38). Tel est l'état actuel de la doctrine et de la jurisprudence d'après le résumé contenu au *Dictionnaire pratique* de Dalloz, p. 1535, n° 63.

Voilà comment légifèrent les commissions officielles ; ce qui explique le peu d'enthousiasme de certains départements à y recourir. Elles n'ont pas l'infaillibilité que semble leur reconnaître le tribunal de Blaye par la décision plus haut mentionnée et rien n'est moins certain qu'un usage, par cela seul qu'il a été inséré dans un Code officiel, ait obtenu l'assentiment de tous. Il peut être l'œuvre d'une collectivité, consciencieuse sans doute, mais mal renseignée, ou seulement celle de deux ou trois personnages influents, non moins consciencieux, qui ont voulu profiter de la codification pour imposer leurs vues personnelles en matière de pratique agricole.

Nous avons pris un exemple dans l'arrondissement de Laval, remontant à une époque déjà lointaine, mais les procédés n'ont pas changé depuis, car on a agi de la même façon tout récemment dans un autre arrondissement (V. le *Recueil de l'arrondissement de Mayenne*, au chapitre suivant). Ces procédés sont peut-être rares dans les pays de grandes cultures où les coutumes sont moins variées et où les cultivateurs riches et instruits ont leur place assurée dans toutes les commissions et peuvent veiller personnellement à l'insertion de celles qu'ils pratiquent ; mais ils sont fréquents dans les contrées de moyennes et surtout de petites exploitations où les fermiers ne font jamais partie des commissions de revision.

Les recueils dus à des particuliers ne sont point exposés à ces inconvénients. Privés de tout caractère officiel, leurs auteurs ne peuvent être tentés de légiférer. Ils ont au contraire tout intérêt à faire des constatations rigoureusement exactes. Voilà les raisons qui nous font croire que certains de ces recueils offrent plus de garantie d'exactitude que ceux faits sous le contrôle et avec la collaboration de l'administration.

VI. — Le moyen pour l'administration d'éviter les graves erreurs signalées paraît bien simple. Il consiste, au lieu de s'adresser à des commissions souvent mal renseignées ou qui obéissent à des influences contraires au but de leur mission, à demander aux cultivateurs eux-mêmes les coutumes qu'ils mettent journellement en pratique. Pour cela il suffirait de faire remettre à chacun, par les soins de la municipalité, un questionnaire bien complet qu'il aurait à remplir sur la date et les conditions de son entrée en jouissance, l'étendue, en terres arables et prairies, de son exploitation, l'assolement suivi, etc., etc. Le rôle des commissions se bornerait à compléter, vérifier et classer les renseignements recueillis. On connaîtrait de cette façon, d'une manière exacte, les cultivateurs qui dérogeraient aux coutumes les plus pratiquées et ceux dont les procédés de culture paraîtraient défectueux, ce qui permettrait d'arriver progressivement, par la persuasion, sans heurt, sans léser aucun intérêt, à la généralisation tant désirée des mêmes usages et à la propagation des meilleures méthodes de culture.

SECONDE PARTIE

Illégalité des trois nouveaux Recueils

I. — Observations générales

Avant d'aborder l'étude de chacun des trois nouveaux recueils, nous croyons utile, pour éviter des répétitions, de donner les explications suivantes qui les concernent tous :

Première observation. — Le titre de *Recueil d'Usages ruraux* sous lequel on nous les présente nous paraît impropre, car leurs auteurs ne se sont pas bornés à *recueillir des usages ;*

ils ont réuni et confondu dans une même classification : 1o des usages existants bien réellement dans l'étendue de l'arrondissement ; 2o ceux qui n'y sont pratiqués que dans une partie de cet arrondissement ; 3o ceux qui y sont pratiqués d'une façon différente et qu'ils ont modifiés ; enfin des lois locales ou règlements faits par eux qu'ils ont entendu substituer aux coutumes jusque-là suivies.

Pour faire accepter ces modifications, sans paraître trop innover, ils ont employé un moyen aussi simple que peu varié : ils ont qualifié d'*ancien usage* la coutume qui a cessé de plaire et de *nouvel usage* celle qu'ils ont voulu lui substituer.

Deuxième observation. — En supposant qu'un usage *constant* et *reconnu* ait changé et ait bien réellement été remplacé par un nouvel usage, une Commission, quelle qu'elle soit, ne peut, pas plus que ne le pourraient les tribunaux, contraindre, même moyennant indemnité, le fermier à renoncer aux droits qu'il tient de son bail. Ces droits, à sa sortie, sont réglés, non sur le nouvel usage, qui, comme la loi, n'a pas d'effet rétroactif, mais sur l'usage qui était en vigueur à son entrée (*Arg.*, Cass., 7 juin 1901. D. P. 1.105). Ainsi, si, entré au 23 avril, il n'a pas fait les grains de printemps, il a le droit, malgré le nouvel usage, de les faire à sa sortie. C'est à l'entrant qui sera privé de cette récolte que le propriétaire devra une indemnité pour cette privation partielle de jouissance.

Troisième observation. — Le demandeur qui a pour lui l'usage a un titre légal, dont l'interprétation s'impose au juge et qui dispense ce demandeur de toute preuve. C'est au défendeur à faire la preuve, contrairement au principe général et d'ordre public d'après lequel la charge de la preuve incombe au demandeur suivant l'axiome *actori incombit probatio.*

Cette exception au principe s'explique et se justifie en présence d'un usage réunissant bien toutes les conditions que nous avons indiquées dans la première partie ci-dessus, parce que un tel usage ne peut laisser de doute sur la volonté des parties d'avoir entendu s'y conformer ; mais une seule de ces conditions vient-elle à manquer, le droit commun reprend son empire, le demandeur a la charge de la preuve et le juge a non seulement le droit mais le devoir de s'entourer de tous renseignements et de se prononcer d'après les circonstances.

Un exemple fera mieux comprendre l'importance de ce déplacement de la charge de la preuve qui se produit chaque fois qu'on a légiféré :

Les cultivateurs de la commune de Vimarcé sont partagés à peu près par moitié sous le rapport des usages : une moitié suit les usages du canton d'Evron et l'autre ceux du canton de Sillé. Dans ce dernier canton c'est le fermier sortant au 23 avril qui fait les grains de printemps, tandis que suivant le *Recueil du canton d'Evron*, celui de l'arrondissement de Laval de 1858 et le nouveau *Recueil des Experts*, art. 55, c'est le fermier entrant.

Supposons un procès à ce sujet entre le propriétaire (ou son représentant le fermier entrant) et le fermier sortant. — A défaut d'un usage constant et reconnu, car il n'en existe pas puisque chaque usage n'est pratiqué que par la moitié environ des cultivateurs, le demandeur, quel qu'il soit, devra rapporter la preuve de ses droits, sauf au défendeur à faire la preuve contraire et le juge se décidera d'après les circonstances : Si le fermier sortant est du canton de Sillé dans lequel lui et sa famille ont toujours habité avant qu'il ne vînt à Vimarcé, si son propriétaire, son notaire, son expert sont de ce canton, s'il fréquente habituellement les marchés de Sillé, si la ferme qu'il quitte fait partie d'un ensemble de fermes sises dans le canton de Sillé ou environ appartenant au même propriétaire, si enfin le cultivateur qu'il a remplacé était lui-même du canton de Sillé où il est retourné habiter, le juge verra dans ces différentes circonstances et autres des présomptions graves de nature à entraîner sa conviction, et il y a toutes probabilités qu'il fera bonne justice en décidant que les parties n'ont pu compter que sur la coutume du canton de Sillé et que le sortant a droit de faire sa récolte de printemps parce qu'il n'a pas dû la faire à son entrée.

Si, au contraire, ce même juge, s'en rapportant aux trois recueils sus-mentionnés qui indiquent, contrairement à la vérité, que tous les cultivateurs de la commune de Vimarcé font les grains de printemps à leur entrée, s'il croit à un usage obligatoire, il devra l'appliquer sans pouvoir tenir compte des circonstances plus haut indiquées et alors le propriétaire, fût-il demandeur dans l'instance, n'aura pas de preuve à rapporter du moment qu'il s'appuiera sur un usage considéré, à tort, comme obligatoire. Ce sera donc au fermier sortant à prouver qu'il n'a pas fait cette récolte à son entrée ; il n'aura pas d'autre ressource pour justifier son bon droit ; ressource à peu près illusoire, car comment faire cette preuve après neuf ou douze ans et souvent plus ?

Voilà un exemple des conséquences produites par un recueil dont les auteurs ont légiféré lorsque le juge y a mis sa confiance : le renversement de la preuve mise à la charge du défendeur qui ne la doit pas pour en décharger le demandeur à qui elle incombe. Ce défendeur sera presque toujours le fermier ou colon, car, à part deux ou trois concernant les devoirs du propriétaire (art. 1719, 1720 et 1721), tous les articles d'un recueil d'usages lui imposent des obligations au profit du propriétaire.

II. — Recueil de la Chambre des Experts de l'arrondissement de Laval

Dans ce recueil ses auteurs ont légiféré car :

1o L'art. 55 de ce recueil, qui n'est que la reproduction du fameux article 58 du *Recueil officiel de 1858 de l'arrondissement de Laval*, est illégal comme nous l'avons démontré dans la première partie (§ V, *in fine*). Il est, en tout cas, discuté et, par suite, ni constant ni reconnu. Il est inconnu dans les cantons d'Evron et de Sainte-Suzanne, comme le prouve le recueil particulier à ces deux cantons arrêté par leurs Comices agricoles, le 20 octobre 1881, et que nous publions plus loin.

2o Cet article 55 n'est suivi que par la moitié des cultivateurs de la commune de Vimarcé (Voir troisième observation).

3o D'autres articles que l'art. 55, notamment l'art. 101 et l'art. 60 (Voir deuxième observation) sont contraires à la loi.

Nous bornons là nos citations qui nous paraissent plus que suffisantes. Nous étayerons notre opinion sur le *Recueil des Experts* de celle d'un magistrat distingué, dont la science juridique et la compétence sont notoires, celle de feu M. le Président Bordeaux-Desbarres : En présidant la réunion de la Sous-Commission de l'arrondissement de Laval, le 2 février 1901, M. Bordeaux-Desbarres fit remarquer que la Chambre des Experts, au lieu de borner son rôle à recueillir les usages ruraux existants, avait cru devoir décréter des usages ruraux, en un mot légiférer, travail qu'elle n'avait aucune qualité pour entreprendre. Il rappela aux Commissions cantonales de l'arrondissement de Laval, comme nous l'avions fait nous-même aux membres de la Commission de Couptrain, le 19 août de l'année précédente, qu'il ne leur appartenait pas de faire œuvre de législateurs, que leur rôle se bornait à recueillir et constater les usages actuellement suivis dans leurs cantons respectifs, *sans y apporter aucune modification quelle qu'elle soit et si désirable qu'elle puisse leur paraître.*

En ne se conformant pas à ces principes, en légiférant, la Chambre des Experts de l'arrondissement de Laval a fait une œuvre dangereuse, elle a produit à la justice un document erroné dont les tribunaux doivent se méfier comme d'un témoin suspect.

Non seulement elle n'est pas compétente, comme l'a affirmé M. Bordeaux-Desbarres, mais elle avait toutes sortes de raisons de s'abstenir non seulement de formuler des règles relatives aux droits respectifs des propriétaires et des fermiers ou colons, mais encore de faire toutes constatations parce que ses membres ont un double intérêt dans cette réglementation comme dans l'appréciation des usages à constater, un intérêt personnel, celui notamment du maintien de l'art. 55 et surtout l'intérêt des propriétaires, leurs mandants habituels, dont ils gèrent les propriétés et que ces intérêts sont contraires à ceux des fermiers; parce que leur profession de régisseur ne leur laisse pas l'indépendance nécessaire; parce que, *comme experts*, ils sont journellement appelés à se prononcer sur l'application de leur recueil; que les intérêts de leurs clients leur feront souvent un devoir de repousser cette application.

La Commission de la Chambre aurait dû se rappeler qu'on n'est jamais bon juge dans sa propre cause.

On nous a objecté que nos efforts seront vains, que nous ne serons pas compris ou du moins que par une élite, que si les tribunaux ne tiennent pas compte des renseignements du recueil ce résultat obtenu sera à peine appréciable, parce que les différends entre propriétaires et fermiers ne se règlent pas par les tribunaux mais, ordinairement, par les experts, que ces derniers en élaborant leur recueil ont, par cela même, pris l'engagement de s'y conformer toujours; que d'ailleurs leur corporation était une puissance contre laquelle toute lutte était impossible parce que ses membres représentent les grands propriétaires fonciers dont ils dirigent toutes les exploitations agricoles.

Nous ne partageons pas cette opinion que nous trouvons injurieuse pour l'honorable corporation. Si nous sommes compris d'une élite nous le serons des experts qui en font assurément partie. Nous ne croyons pas qu'il soit nécessaire d'être jurisconsulte pour saisir le sens de nos explications, pour se rendre compte qu'on ne peut à la fois être législateur, juge et partie. Nous connaissons trop la droiture et la probité des experts, l'esprit d'équité qui les anime, qui justifient cette puissance qu'on semble leur reprocher, pour croire qu'ils prendront toujours pour règle invariable, dans les règlements dont ils seront chargés ou dans la défense des intérêts qui leur seront confiés, leur recueil dont nous venons de signaler les inconvénients, car il y a des engagements qu'on a tort de prendre mais qu'on a plus tort encore de tenir et celui sur lequel on a appelé notre attention est de ceux-là. Nous avons la conviction, au contraire, que si un expert de l'arrondissement de Laval, quel qu'il soit, était appelé par le fermier sortant à régler le différend que nous avons supposé sous la troisième observation ci-dessus, il appliquerait, sans hésiter, l'usage du canton de Sillé contrairement aux indications erronées du *Recueil des Experts*. Nous sommes certain que dans la commune de Vimarcé où jamais probablement l'art. 55 n'a été suivi, pas un expert, sous prétexte de tenir cet engagement de se conformer toujours audit recueil, ne trahirait les intérêts d'un fermier sortant, son client, en ne s'opposant pas à la demande injustifiée d'un propriétaire qui prétendrait retenir sur sa terre les bestiaux de ce fermier par application dudit article.

III. — Recueil de la Sous-Commission de l'arrondissement de Mayenne

Ce recueil est précédé du rapport de mon très distingué collègue à la Sous-Commission de l'arrondissement de Mayenne, le 30 avril 1900, rapport qui prouve jusqu'à l'évidence que cette Sous-Commission a légiféré.

Cette Sous-Commission ne constate pas elle *décide* ce qui doit être fait (Voir renvoi à la page 20 du recueil et *additions* aux usages pages 43 et suivantes).

M. le Rapporteur ne veut pourtant pas convenir qu'elle ait légiféré : ce terme lui déplait. Pourtant nous lisons dans son rapport : « Parmi les anciens usages il y en a qui n'étaient qu'à améliorer, à corriger, à rectifier. — Ceux-là ont été élagués avec discrétion en prenant pour guide la pratique des bons cultivateurs... Nous avons admis aussi de nouveaux usages... Toutefois elle (la Sous-Commission) doit avouer, lorsqu'elle a trouvé de nouveaux usages déjà appréciés par d'excellents cultivateurs, elle n'a pas hésité à leur faire accueil... Pour employer une expression de circonstance nous nous sommes contentés de vanner les usages, de rejeter les mauvais et de garder les bons, ceux qui, comme le bon grain, doivent servir de semences. »

Est-ce assez clair ?

Après ces déclarations le tribunal qui s'y tromperait y mettrait évidemment de la complaisance.

M. le Rapporteur n'en écrit pas moins : « Vous légiférez, vous codifiez, nous dit-on. — Peut-on nous accuser de légiférer en procédant comme nous l'avons fait, en recueillant les bons usages anciens et nouveaux ? »

Et il ajoute que : « Les magistrats trouveront dans ce recueil un résumé des bons usages actuels et qui servira à éclairer leurs décisions. »

Nous ne croyons pas avoir reproché à la Sous-Commission de Mayenne d'avoir codifié, mais de l'avoir fait en voulant faire croire à des usages qui n'existent pas. C'est précisément parce que cette Commission n'a recueilli que les bons usages anciens et nouveaux, alors que son Rapporteur constate qu'il y en a de mauvais qu'elle a rejetés, qu'il est évident qu'elle a légiféré. Elle n'a pas fait de lois, c'est entendu, ce n'est pas en son pouvoir, mais elle a voulu faire considérer comme telles ses prétendues constatations. Ce n'est point une œuvre didactique, un traité d'agriculture que lui demande la justice pour éclairer ses décisions, c'est un document exact, entièrement conforme à la vérité. Or, le recueil de la Commission est inexact, incomplet ; un grand nombre de ses articles contiennent des erreurs, des contre-vérités de nature à égarer la justice au lieu de l'éclairer et dont l'effet sera fatalement d'attribuer à l'un ce qui appartient à l'autre, au mépris du droit de propriété, que cette Commission a la prétention de défendre. Elle assure au propriétaire demandeur le privilège de rejeter sur son adversaire la charge de la preuve qui lui incombe, comme nous l'avons démontré dans la troisième observation.

Nous sommes ennemis de tous les privilèges, nous n'en demandons pas pour le fermier, mais nous voulons pour lui le droit commun. Nous voulons qu'il ait les mêmes moyens de faire valoir ses droits que son propriétaire.

Pour donner une idée des nombreuses différences qui existent entre les usages pratiqués dans les divers cantons et ceux consignés dans le recueil de l'arrondissement de Mayenne, prenons un exemple dans le canton de Pré-en-Pail :

La Commission officielle de ce canton a dressé un procès-verbal de ses coutumes qui a été remis à la Commission de Mayenne, en suivant, comme cette dernière Commission, l'ordre du *Recueil de la Société d'Agriculture de Mayenne.*

Voici quelques-uns des numéros des articles de ces deux documents qui constatent des différences d'usages : 23, 24, 27, 28, 29, 30, 35, 39, 42, 43, 47, 51, 74, 75, 78, etc.

Voilà comment la Sous-Commission de Mayenne a tenu compte des travaux de la Sous-Commission du canton de Pré-en-Pail.

Elle a agi de même pour le canton de Couptrain et très probablement pour les autres cantons de l'arrondissement.

Nous n'avons pas, croyons-nous, laissé sans réponse une seule objection.

La doctrine que nous avons exposée dans notre discours de Couptrain du 19 août 1900, ne nous paraît pas avoir été atteinte par le rapport de la Commission. Les attaques qu'il contient sont plutôt venues la confirmer comme le démontrent les explications qui précèdent.

D'ailleurs nous avions déjà répondu à ces attaques dans deux articles parus dans *Mayenne-Journal* les 7 juillet et 17 novembre 1901, dont voici quelques passages :

. . . .

On n'a pas cru devoir tenir compte des modifications apportées par notre Sous-Commission cantonale aux usages de la Société d'agriculture de l'arrondissement, sous prétexte qu'elle se serait montrée, comme quelques autres, quelque peu réformatrice et aurait cherché à alléger les charges des fermiers au détriment des propriétaires et on nous rappelle charitablement que *l'honnêteté passe avant la libéralité et qu'avant d'être bon, il faut être juste.*

Nous nous en doutions déjà et j'espère démontrer que la leçon n'était pas méritée.

Si notre Commission cantonale n'a pas reproduit un grand nombre des usages contenus dans le Recueil de la Société d'agriculture de l'arrondissement de Mayenne, c'est par cette excellente raison qu'aucun d'eux n'est suivi dans notre canton.

Ce motif me dispense d'en donner d'autres.

D'ailleurs, notre Sous-Commission a pensé qu'il est bon de laisser au fermier quelque latitude, quelque initiative, et que, lorsqu'il suit dans leurs grandes lignes les bonnes méthodes de culture généralement adoptées, qu'il paie régulièrement ses fermages, et qu'il laisse à sa sortie la ferme en aussi bon état qu'il l'a trouvée à son entrée, il a rempli tous ses devoirs envers le propriétaire (1); qu'il n'est de l'intérêt ni du propriétaire, ni du fermier d'astreindre ce dernier à une foule d'obligations, qui si, comme on l'affirme, ne sont pas contraires à la dignité humaine, sont tout au moins *pénibles*, vous le reconnaissez, dont quelques-unes sont vexatoires et de nature à faire naître des difficultés et des contestations fréquentes entre les parties.

La plupart des propriétaires qui font insérer ces conditions dans leurs baux, par une sorte d'habitude, n'en exigent presque jamais l'entière exécution, parce qu'ils sentent que, s'ils le faisaient, la situation du meilleur fermier ne serait pas tenable.

Nous croyons plus *juste*, plus rationnel que ce soit au propriétaire qui veut montrer tant d'exigences à l'égard de son fermier, à demander un écrit, et qu'à défaut de cet écrit, le fermier ne doit pas y être tenu.

Sans doute, le propriétaire *est le maître de son patrimoine* et peut le faire exploiter *aux conditions qui lui conviennent* en se conformant aux lois, et le fermier *est libre de ne pas accepter* les obligations qu'on veut lui imposer.

Mais, n'est-ce pas faire preuve d'une sollicitude excessive pour le propriétaire, que de prendre pour lui des précautions qu'il n'a pas cru devoir prendre lui-même et d'imposer à son fermier ces obligations au moins *pénibles* auxquelles ils n'ont probablement songé ni l'un ni l'autre?

N'est-ce pas à celui qui se réclame d'une obligation à son profit à lui en faire la preuve?

Tous les Français sont égaux devant la loi.

Pourquoi mettre le fermier hors la loi lorsqu'il se trouve en face de son propriétaire, en l'obligeant, par une réglementation étroite et arbitraire, à faire la preuve qui incombe à son propriétaire ou, ce qui revient au même, à dispenser le propriétaire d'apporter la preuve de l'obligation qu'il réclame à son fermier?

S'il fut jamais une crainte chimérique, c'est assurément celle que, dans nos travaux, les intérêts des propriétaires soient sacrifiés à ceux des fermiers, car je ne vois pas un seul fermier membre de nos diverses Commissions et je constate, par contre, que nous sommes tous plus ou moins propriétaires.

(1) V. en ce sens : Dalloz, suppl., 385. — Guillouard, *Louage*, n° 191. — Cass., 16 août 1853. — Berteau, *Bail*, 8.159 et 8.160.

On enseigne même que le fermier peut dessoler ou dessaisonner et cela quand même le bail le lui interdirait, pourvu qu'à sa sortie il rende la terre dans l'état où il l'a reçue. — Dalloz, p., *Louage*. — Watrin, *Code Rural*, pp. 276 et 277.

. . . .

A la première réunion de la Commission départementale, tenue sous la présidence de M. le Préfet, à Laval, en exécution de son arrêté du 1er décembre 1899, je signalai, à propos de la codification des Usages ruraux du département, un écueil que me faisaient pressentir les propos échangés. *Celui de légiférer*. J'exprimai les mêmes craintes à la première séance de la Sous-Commission de Mayenne, et, en présidant la Sous-Commission de mon canton, le 19 août 1900, je crus devoir expliquer notre rôle, tel que je le comprenais, et préciser qu'il consistait simplement à recueillir tous les Usages réellement pratiqués dans notre canton, et même ceux différents et contraires qui pouvaient s'y trouver. Je fis observer qu'un usage ne s'arrête jamais à la limite exacte d'une division administrative ; que le Code se référant aux Usages à défaut d'écrit ou lorsque l'écrit est incomplet ou obscur, pour interpréter les conventions des parties, il était très important, pour assurer le respect dû à leurs conventions, de faire un Recueil aussi complet que juste et conforme à la vérité de tous les Usages bons ou mauvais. J'expliquai que la connaissance de tous les Usages était utile, mais que tous n'avaient pas force de loi ; qu'il n'y avait que ceux que le Code définit par ces deux qualificatifs *constants* et *reconnus*; qu'il convenait donc de classer à part les Usages *constants* et *reconnus* et de comprendre les autres dans une seconde partie. Enfin, cédant au besoin de généraliser et d'améliorer que j'avais remarqué chez mes collègues de la Sous-Commission, je leur proposai, pour leur donner satisfaction dans une certaine mesure, de réserver dans cette seconde partie, un chapitre destiné à recevoir les Usages qu'ils désiraient voir s'établir comme étant les meilleurs et les plus propres à favoriser les progrès de l'agriculture. . . . .

Mon discours paru dans *Mayenne-Journal* le 26 août 1900 m'a valu l'honneur d'une longue réponse de mon distingué collègue de Mayenne.

. . . .

L'honorable rapporteur, après avoir affirmé que le but de M. le Préfet avait été la *correction* des Usages recueillis il y a cinquante ans, la constatation de ceux introduits depuis cette époque et leur *unification* par une codification unique, ajoute : « Il ne peut être que profitable de voir disparaître certains Usages arriérés et regrettables, d'en améliorer un certain nombre, d'ouvrir la porte à quelques nouveaux et d'en faire un Code agricole de notre contrée, dans lequel les cultivateurs trouveront des enseignements salutaires, un *vade-mecum* de leurs devoirs et de leurs droits. »

Puis il s'étend sur l'œuvre de la Commission, qui n'a pas hésité à faucher les vieilles méthodes qui tombent trop lentement en désuétude, à abattre ce qui était contraire au bien général. Pour certains Usages, il y en a qu'elle a améliorés, corrigés, rectifiés, élagués en *prenant pour guide la pratique des bons cultivateurs*. Quant aux nouveaux Usages, elle n'a pas hésité à leur faire accueil, lorsqu'ils ont déjà été appréciés par d'excellents cultivateurs. C'est ainsi, dit mon honorable collègue, qu'elle a compris la *révision* projetée.

Il prétend que la Commission ne pouvait avoir pour mission de perpétuer en quelque sorte les Usages nuisibles ni renoncer à l'amélioration de quelques-uns d'entre eux, non plus qu'à l'admission des Usages nouveaux.

. . . .

Les experts des arrondissements de Laval et de Mayenne, comme le rapporteur de la Chambre des notaires, pensent avec la Commission des Usages de l'arrondissement de Mayenne, que les Commissions nommées par M. le Préfet ont pour but de dresser un recueil des meilleurs usages seulement, de reviser et améliorer certains anciens Usages, d'en introduire de nouveaux et comme conséquence, car c'est encore là une modification et la plus importante, d'imposer à tout un arrondissement, peut-être même au département tout entier, un bon Usage, ne fût-il pratique que dans un canton, ou même dans une seule commune, et cela toujours dans le but de propager les bonnes méthodes de culture.

Les progrès de l'agriculture sont assurément choses fort désirables, et je m'expliquerais la manière d'opérer de mes contradicteurs s'ils pouvaient prétendre que notre mission se borne uniquement à composer une sorte de traité d'agriculture pratique. Mais non, car voici ce qu'on peut lire en tête du *Recueil des Experts de Mayenne:*

« A défaut d'une note spéciale sur les baux à prix d'argent ou à colonie partiaire, rédigés par notaires ou sous seings privés, les coutumes particulières ou différentes aux différents cantons seront abrogés et les Usagee ruraux applicables à tout l'arrondissement de Mayenne leront seuls la règle des parties dans tout le dit arrondissement, sans exception de cantons ou de communes. »

. . . .

Ainsi, il n'y a pas à en douter, si mes contradicteurs ont voulu faire une sorte de traité des meilleures méthodes de culture, ils ont entendu aussi que ce même traité, c'est-à-dire le Recueil d'Usages en préparation, servît de guide aux juges pour la solution des litiges entre propriétaires et fermiers et que chaque fois qu'on voudrait connaître sous l'empire de quelles coutumes les parties ont formé leurs conventions on eût recours à ses lumières. Ils ont poursuivi *un double but :* enseigner les bonnes pratiques agricoles et fournir des documents à la justice. C'est là leur erreur, car les *moyens sont différents.* Pour le premier il fallait, en effet, sans tenir compte de ce qui existe, faire choix des meilleures méthodes; mais, pour le second, ils devaient présenter les us et coutumes tels qu'ils existent sans aucune modification, car on ne peut demander à un document à consulter pour la recherche de la vérité, que *de l'exactitude,* comme on ne demande au témoin appelé en justice que *de dire la vérité.*

. . . .

IV. — Recueil de la Commission officielle de l'arrondissement de Chateau-Gontier

Il est de tradition dans les Commissions officielles de l'arrondissement de Château-Gontier, comme dans celles des arrondissements de Laval et de Mayenne, de légiférer.

La Sous-Commission de 1884 avait légiféré comme le prouvent les documents mis en tête du recueil que nous avons sous les yeux (imprimerie Leclerc, 1898), notamment un procès-verbal du Bureau du Comice de Château-Gontier du 17 janvier 1884 et un discours de M. le Sous-Préfet du 17 janvier 1884 et les observations consignées pages 7 et suivantes.

Celle de 1905 a fait de même. Voici, en effet, ce que nous lisons dans son nouveau recueil (imprimerie Leclerc, 1908), sous le titre *Modifications au Recueil de 1884*.

« La Commission passa en revue les modifications déjà admises (jusque-là rien à dire) puis *en adopta quelques autres.* »

Ainsi cette Commission a pris sur elle d'adopter des usages qui n'étaient pas admis jusque-là, de décréter de nouveaux usages.

Au nombre des modifications nous avons remarqué celle de l'art. 35 du *Recueil de 1884*, ainsi conçu : « L'art. 1731 du Code Civil établit la présomption que le lieu a été reçu en bon état ; cependant l'usage dit que le propriétaire n'a droit à aucun dommage-intérêt pour malversations, s'il ne peut prouver par un état de lieu qu'elles proviennent du fait ou de la négligence du fermier ou colon. »

Dans le *Dictionnaire pratique de droit rural et des Usages ruraux du département de la Mayenne*, composé par Me Grimod et nous (V. *Etat de lieux*, p. 196), nous avons cru devoir faire des réserves sur la valeur et la portée juridique d'un pareil usage, parce que, en effet, la validité peut en être discutée ainsi qu'on peut s'en rendre compte par les explications contenues dans la première partie, IV, mais, personnellement, nous sommes convaincu de sa validité parce que l'art. 1731 est une loi interprétative dont la disposition peut être écartée par une clause formelle du bail, et comme conséquence elle peut l'être tacitement, lorsqu'il existe un usage constant et reconnu, comme l'enseigne M. le professeur Jacquey (première partie, IV).

Si l'usage consacré par cet art. 35 a cessé réellement d'être suivi, comme l'indique le nouveau recueil, nous le regrettons. La présomption de l'art. 1731 donne trop souvent lieu à des réclamations abusives. Le bailleur a trop d'intérêt à ce qu'il n'y ait pas d'état de lieu. Il se montre presque toujours paternel pour le fermier entrant. Il lui promet de ne pas se montrer exigeant à sa sortie et lui fait voir la prétendue inutilité d'une montrée dont chacun aurait à payer la moitié des frais et le fermier se laisse persuader. A la fin du bail, le propriétaire oublie quelquefois ses promesses, ou il est décédé, ou a vendu et le preneur se trouve en présence d'un acquéreur ou d'héritiers qui lui réclament des indemnités pour dégradations et malversations importantes, alors même qu'il aurait amélioré la ferme.

Si le bailleur y avait intérêt il y aurait, à chaque entrée du preneur, un état de lieux qui éviterait bien des difficultés.

Quoi qu'il en soit, de l'abrogation ou non de l'usage de l'ancien art. 35, les fermiers qui sont entrés au moment où il était en vigueur, en bénéficieront à leur sortie car un nouvel usage ne peut avoir d'effet rétroactif comme nous l'avons expliqué ci-dessus sous la deuxième observation.

USAGES RURAUX DES CANTONS D'ÉVRON ET DE SAINTE-SUZANNE

BAUX DU 23 AVRIL

Entrée et sortie du fermier.

Article premier. — La clôture des prés est faite par le fermier sortant le 31 décembre et le fermier entrant a le droit, à partir de cette dernière époque, de se servir des fumiers du lieu, de les charroyer et étendre sur les prairies.

Art. 2. — Le fermier sortant doit, avant le 1er janvier, livrer en bon état les ruisseaux d'irrigations destinés à l'écoulement des eaux et à l'irrigation. L'entrant est chargé de l'irrigation et de curer les vidanges.

Art. 3. — Le fermier entrant au 23 avril a le droit de faire tous les grains de printemps l'année de son entrée ; il devra mettre 12 kilogrammes de graine de trèfle par hectare d'ensemencé en menus grains. Il pourra faire ses guérets préparatoires, pour la moitié, à partir de la Toussaint au 1er février, et pour l'autre moitié, à partir de cette dernière époque. Si toutefois la ferme n'était pas louée au 1er février, le propriétaire pourrait exiger qu'un labour de quatre tours fut fait par le fermier sortant à qui il paierait une indemnité de 20 francs de l'hectare.

Art. 4. — Le fermier sortant jusqu'au 11 novembre (Saint-Martin), dispose des fumiers et terreaux ; à partir de cette époque, il entasse les fumiers pour son successeur et avec soin, comme s'il devait continuer son exploitation.

Art. 5. — Le fermier sortant, pendant le dernier hiver, coupe le bois taillable âgé de six ans, et le fermier entrant vient serrer les feuilles et les bruyères que le fermier sortant est tenu de charroyer dans les étrages pour y faire des foulages, et en compensation de cette dernière charge, les gerbes de la dernière récolte sont charroyées par le fermier entrant.

Art. 6. — Le fermier sortant au 23 avril paie le tiers des impôts de l'année de sa sortie.

Art. 7. — Le fermier sortant doit laisser, à partir du 1er novembre, le tiers du jardin libre, pour que l'entrant puisse y planter des choux. Les anciens choux appartiennent au fermier sortant, qui peut les faire consommer en entier.

Art. 8. — Le fermier sortant ne peut dans l'année de sa sortie faire consommer que la quantité de foin et de paille nécessaire pour nourrir convenablement ses bestiaux; les foins et pailles restant au moment de la sortie lui sont payés à dire d'experts.

Art. 9. — Aux engrais soigneusement recueillis sur le lieu, on ajoute 24 hectolitres de grosse chaux par hectare d'ensemencé en froment, ou tout autre engrais de même valeur. Le fermier sortant à ferme devra donc justifier de la quantité de chaux mise par lui les trois dernières années de son bail seulement; mais le fermier à moitié ne sera aucunement responsable pour le manquement d'engrais qui pourrait exister.

Art. 10. — Les blés sont coupés rez terre aussitôt leur maturité et battus immédiatement par le fermier sortant et à ses frais; il a droit de laisser en dépôt sur la ferme à sa sortie la machine à battre dont il doit se servir pour la dernière récolte. Il peut laisser des chaumes si bon lui semble, mais alors ils devront être fauchés le 30 septembre.

Art. 11. — Le fermier sortant à ferme a le droit d'enlever tous ses bestiaux après avoir acquitté intégralement le prix de ferme; mais cette clause n'est applicable qu'au fermier à prix d'argent et non à colonie partiaire.

Art. 12. — Le fermier entrant a le droit, dès le 1er octobre, d'ensemencer sur chaumes de froment des coupages d'hiver, dans le neuvième des terres arables.

Art. 13. — Le fermier sortant doit laisser son successeur semer des graines de trèfle ou d'autres plantes fourragères dans tous les grains de printemps l'année qui précède sa sortie, mais il ne peut, à moins de conditions particulières, faire paccager les champs ensemencés de trèfle par l'entrant, après la Toussaint. Toutefois, il demeure responsable des dommages occasionnés par le piétinement des bestiaux par un temps pluvieux.

Art. 14. — Le fermier sortant devra, pendant toute la durée de son bail, suivre l'assolement triennal.

Art. 15. — Toutes les récoltes doivent être sarclées, savoir : le froment, du 1er au 30 mai; les orges et avoines, du 30 mai au 30 juin.

Les patiences ou parelles, les fougères et chardons et autres plantes à graines, doivent être arrachés ou coupés chaque année sur toute l'exploitation avant la maturité de la graine. L'avoine bulbeuse et le chiendent à chapelet doivent être détruits avec le plus grand soin. Toutefois, l'indemnité qui serait fixée par l'expert pour l'inexécution de cette obligation, ne pourrait excéder la somme de 20 francs de l'hectare (1).

Art. 16. — Les bestiaux qui garnissent la ferme ne peuvent être employés à aucun travail étranger sans le consentement du propriétaire. Toutefois, le fermier sortant, soit à moitié, soit à ferme, pourra faire des labours préparatoires pour grains de printemps dans la ferme qu'il devra exploiter au 23 avril. Mais si le colon partiaire entre dans une exploitation plus grande que celle qu'il laisse, il n'aura droit à faire qu'une étendue semblable à celle qu'il aurait faite s'il eut continué son ancienne exploitation.

Nota. — Les articles des usages ruraux de l'arrondissement de Laval resteront toujours applicables pour tout ce qui n'est pas contraire à ce qui est indiqué ci-dessus.

Fait à Evron, le 20 octobre mil huit cent quatre-vingt-un.

Les membres de la Commission du Comice agricole. Suivent les signatures :

Cavellet de Beaumont, A. Couleard-Desforges, Foucher Félix, Guitton, Busson L., M. Janvier, Leroy, Trouillard A., Desnoes, Vovard J., Pinot, G. Roche.

Vu pour la légalisation des signatures apposées ci-dessus,
Evron, le 21 octobre 1881.

Pour le Maire,
L'Adjoint, Luceau.

Vu pour la légalisation de la signature de M. Luceau, adjoint au maire de la commune d'Evron,
A Laval, le 23 janvier 1883.

Pour le Préfet,
Le Secrétaire général, Combarieu.

(1) On nous assure que certains experts des autres cantons de l'arrondissement portent cette indemnité jusqu'à 40 francs.

IMPRIMERIE A. GOUPIL, LAVAL.

www.ingramcontent.com/pod-product-compliance
Ingram Content Group UK Ltd.
Pitfield, Milton Keynes, MK11 3LW, UK
UKHW020412250726
13967UKWH00006B/2597

9 782013 04740